DE LA FRANCE

ET

DE L'ESPAGNE

EN 1825,

PAR UN OFFICIER SUPÉRIEUR

QUI A FAIT LA GUERRE EN ESPAGNE AVEC L'ANCIENNE ARMÉE.

A PARIS,

CHEZ J. G. DENTU, IMPRIMEUR-LIBRAIRE,

RUE DU COLOMBIER, N° 21.

M D CCC XXV.

DE LA FRANCE

ET

DE L'ESPAGNE

EN 1825.

La France, à peine émancipée de la tutelle étrangère et de l'exigence des partis qu'elle nourrissait dans son sein, crut devoir intervenir dans les troubles qui déchiraient l'Espagne depuis la révolution de 1820 ; une armée commandée par un prince français envahit la péninsule, et y vit expirer le gouvernement des *cortès*, sans avoir eu à peine à le combattre. Cette guerre, ou, si l'on veut, cette marche triomphale, qui n'en coûta pas moins à la France plusieurs milliers d'hommes et près de 300 millions, n'a point produit le résultat qu'on devait s'en promettre, et qui seul pouvait la légitimer aux yeux des peuples.

L'état actuel de l'Espagne est plus alarmant qu'il ne le fut avant la guerre : alors le grand remède d'une intervention n'était pas usé, l'espérance vivait dans tous les cœurs ; alors l'avenir promettait un gouvernement réparateur, et la confiance des peuples n'avait pas éprouvé ses dernières déceptions.

Aujourd'hui, après deux années de restauration, après de grands secours, le cabinet de Madrid, loin d'avoir calmé les partis, n'a réussi qu'à les exaspérer. Les troubles naissent sur tous les points de l'Espagne ; la conspiration est flagrante, sous les yeux même du gouvernement ; l'anarchie est au comble. On se demande à quelle cause il faut attribuer un si triste résultat ; on se demande surtout si, après le succès des armes françaises, les intérêts de l'Etat, disons ceux de la paix de l'Europe, ne commandaient pas impérieusement à notre cabinet d'exiger de celui de Madrid des garanties contre le retour des abus, qui sont en Espagne une source si féconde de troubles et de révolutions ?

La solution de ces questions n'est pas difficile ; il n'est personne qui ne réponde affirmativement à l'une ; on ne peut résoudre l'autre qu'en accusant la fausse politique de nos ministres.

En effet, oserait-on nier que notre gouvernement, qui, pour sa propre sûreté autant que pour le maintien des droits d'un prince allié, s'est cru autorisé d'intervenir par la force des armes, n'ait acquis le droit de prescrire à celui-ci des règles de conduite, de l'obliger à satisfaire aux nécessités présentes et à venir de ses peuples, et de fermer ainsi l'abîme des révolutions? La paix intérieure de l'Espagne était le but de notre invasion : si on ne voulait ou si on ne pouvait atteindre à ce noble but, l'invasion devenait un double crime envers l'Etat et envers l'humanité ; elle devenait une perfidie contre une nation amie.

Sans doute cette conséquence n'avait échappé ni au roi de France, ni à son conseil, ni même au gouvernement que nous avons restauré en Espagne.

Le feu roi l'avait proclamée dans la séance mémorable où il annonça aux pairs et aux députés de la France la grande résolution qu'il venait de prendre ; et la France, pleine de confiance dans les intentions d'un prince sage autant que juste, concourut avec orgueil et joie à une mesure qui pouvait naturaliser chez une nation voisine et amie, les principes d'un gouvernement homogène au nôtre et digne de ses souvenirs, et nous replacer nous-mêmes au rang politique dont nos revers nous avaient fait descendre un instant.

Comment nos ministres ont-ils répondu à la pensée du monarque, à l'attente de la patrie? qu'ont-ils fait pour accomplir la tâche qui leur était imposée?

Hélas! leur ouvrage est patent. Regardez l'Espagne, entendez ses gémissemens ; ils en disent plus que nous ne pourrions exprimer par des paroles!

Que feront-ils pour réparer leurs torts? pour ressaisir le prix de la victoire qu'ils ont lâchement ou à dessein laissé arracher par quelques misérables brouillons?

Ici la question se complique. L'honneur et l'intérêt de la France, comme le salut de l'Espagne, exigent des mesures promptes et efficaces; car on ne peut plus compter sur le gouvernement espagnol, qui n'est rien, qui ne peut rien (1). Quel que soit l'état de la péninsule, les choses y sont venues à un point où il n'est plus permis au gouvernement français de l'abandonner à elle-même. Il faut bien le dire : c'est notre cabinet qui a fait l'Espagne ce qu'elle est; il est forcé de soutenir son ouvrage. La révolution de 1820 n'était point, comme on voulait le faire accroire, l'effet d'une conspiration partielle. La tentative pouvait l'être; le succès appartenait à la masse de la nation. Fruit de la nécessité, fruit parvenu à une entière maturité, il n'a fallu qu'un léger mouvement pour le faire tomber au pied de l'arbre.

Rappelons les faits pour justifier notre pensée. L'Espagne, après s'être montrée digne de vivre sous le règne des lois, fut condamnée à supporter le plus honteux esclavage; elle subit, après six années de soumission et de souffrances, le sort qui est la dernière et triste ressource

____

(1) Grâce à la prévoyance de nos hommes d'Etat!

des peuples opprimés. lorsque leurs plaintes sont méconnues par le pouvoir ; sa liberté naquit de l'excès même d'une tyrannie qui n'avait pour elle aucun prestige de grandeur, aucun souvenir de gloire, aucune force réelle. La révolte de 1820 éclata ; quelques soldats mutinés proclamèrent la Constitution de 1812 ; leur cri, qui eût fait horreur sous un règne paternel, retentit dans toute l'Espagne comme une voix libératrice. En deux mois de temps, le roi, la cour, le clergé, tout ce qui pouvait être intéressé à s'opposer à ce mouvement en subit les conséquences, et la Constitution des *cortès* fut proclamée sans opposition sérieuse, non seulement en Espagne, mais encore dans les possessions les plus éloignées.

- Etait-il jamais un mouvement plus unanime, plus prononcé, plus généralement applaudi ? A qui voudrait-on faire accroire que les troubles qui commencèrent à éclater un an après furent l'effet d'un mécontentement forcé, sans remède, et surtout exempt de toute instigation étrangère ? S'il en avait été ainsi, pourquoi ces mouvemens ne se sont-ils pas développés avec le succès qui caractérisa celui de l'île de Léon ? Pourquoi les grands du royaume, les hommes puissans par leur nom, par leurs services, et leur fortune, ne se sont ils jamais montrés dans les rangs de l'armée de la Foi ? Pourquoi n'y a-t-on pas vu en nombre ces guerriers intrépides qui luttèrent avec tant de gloire dans la guerre nationale de l'indépendance?

On serait sans doute fort embarrassé de répondre à ces objections, que nous nous dispensons de multiplier. Les faits ne parlent-ils pas assez haut? L'Espagne, qui, avant le retour de son roi, était demeurée unie sous le régime des *cortès,* qui le proclama de nouveau sans opposition ni trouble, l'Espagne a-t-elle jamais revêtu l'insurrection des bandes monacales de cette sanction libre et spontanée qu'elle donna au rétablissement de son antique liberté?

Non! ces mouvemens excités par l'influence et par l'or d'une police étrangère, n'ont obtenu qu'un succès éphémère; appuyés par cent mille baïonnettes françaises, ils ont pu produire une apparence d'approbation, dans laquelle entrèrent pour beaucoup, sans doute, le besoin de la paix, la crainte des réactions, et la confiance surtout qu'inspirait l'auguste prince qu'on croyait appelé à devenir le médiateur entre Ferdinand et ses peuples; mais jamais ils ne furent l'effet d'un vœu national.

Disons-le franchement : puisque la révolution d'Espagne était de nature à renaître de ses cendres, il y avait folie à notre cabinet de vouloir la comprimer ou l'anéantir; la sagesse lui prescrivait de se mettre à la tête d'un mouvement qu'il pouvait maîtriser et modérer dans les intérêts du principe monarchique; et si le non succès d'une pareille démonstration le força d'avoir recours aux armes, il fallait du moins qu'il sût s'affranchir de l'influence d'une coterie ambitieuse et fanatique qui avait perdu l'Espagne, qui s'apprête à troubler la France, et dont quelques hommes à courte vue peuvent applaudir les succès éphémères, mais dont ils sont loin de connaître les dangereuses prétentions.

Nos ministres, se livrant aux insinuations de cette coterie, ont compromis les intérêts de la royauté et ceux de la paix publique. Si leurs fautes ne devaient se faire ressentir qu'au-delà des Pyrénées, nous pourrions laisser au temps le soin de démasquer leur fausse politique ; mais la même action qui, en Espagne, tend à étouffer les clameurs de la raison, se prépare à agir sur la France : dès lors, nous ne croyons rien faire d'inutile ou d'étranger aux devoirs d'un citoyen, en mettant les faits et leurs conséquences dans leur véritable jour.

Il arrive rarement que le secret des cabinets soit dévoilé aux regards des profanes ; et l'historien qui veut connaître l'esprit qui préside à leurs actes, n'a d'autre moyen d'y parvenir que de puiser des lumières dans le rapprochement des faits authentiques qui s'y rapportent.

Nous aussi, pour résoudre les questions importantes que fait naître la position de l'Espagne, nous n'aurons, pour établir notre opinion, que ce rapprochement des faits, interprètes irrécusables des intentions de leurs auteurs.

Pour justifier nos raisonnemens, et mettre dans son véritable jour la conduite du ministère français, nous serons donc obligés de remonter au-delà des temps auxquels se rapportent leurs actes; de prendre pour base une position et des intérêts connus; d'expliquer les intentions par les moyens employés, et d'arriver, à travers leurs variations, à la connaissance de la vérité. Ainsi, nous rappellerons d'abord l'état administratif et moral des deux royaumes qui sont l'objet de cet écrit.

Les Bourbons de France et d'Espagne virent s'effectuer leur restauration présqu'en même temps; cependant, la position des deux empires n'était pas la même.

En France, un peuple imbu des principes de la liberté, et surtout rempli de la haine de tout privilége de caste, conservait les souvenirs d'une révolution sanglante : les partis, long-temps comprimés par un gouvernement aussi ferme que prévoyant, ne s'étaient pas sincèrement réconciliés ; chacun gardait sa vieille rancune, ses espérances et ses craintes. On pouvait dire alors, que le principe de conservation existait moins dans les institutions que dans le prestige de l'homme extraordinaire que les chances de la guerre, les troubles et la plus fatigante licence avaient poussé au pouvoir, comme la mer en tourmente lance sur la surface des flots une

planche de salut, à laquelle s'attachent les nau-
fragés de tous les partis. Pouvoir singulier et
dans son origine et dans sa durée, plus remar-
quable encore par la vigueur avec laquelle il dé-
fendit ses derniers retranchemens !

*Ce pouvoir élevé par les armes ne pouvait tomber
que par les armes.* L'Europe conjurée détrôna le
nouveau César ; mais elle ne put détruire de
même l'empire de l'opinion, et effacer les souvenirs de gloire qui se rattachaient à son règne.

Cependant les Bourbons, remontés sur le
trône de leurs pères, ne retrouvèrent de l'ancienne France que des débris épars : tout était
neuf ; on se crut obligé de tout refaire. La chose
n'était pas sans danger ; il ne fallut rien moins
que le génie calme et prévoyant de Louis XVIII
pour opérer cette régénération politique : ce
prince y pourvut avec une sagesse et une bonne
foi dignes de la reconnaissance des Français.
Tout était grand et noble dans ses conceptions ;
tout était en harmonie avec les besoins et les
penchans de ses peuples : malheureusement il
fut trop souvent trompé ; il fut mal servi par ceux
qui avaient obtenu sa confiance.

Il n'entre pas dans notre plan de faire un précis historique de ce règne si fécond en grandes
leçons. Nous nous bornerons, dans cet écrit, à
faire connaître l'esprit de l'administration qu'il
nous a léguée, parce que cela est nécessaire pour
éclairer la question qui nous occupe.

Tout le monde a pu remarquer dans les me- sures d'alors une certaine crainte de choquer les partis qui divisaient la France, crainte qui trop souvent embarrassa l'action du gouverne- ment, et finit par amener ce fameux système de bascule qui déplut trop généralement pour pou- voir durer. A travers de fréquens changemens de ministres, on arriva enfin à composer le con- seil de la couronne des hommes (1) qui sont encore aujourd'hui à la tête des affaires. Sortis des rangs royalistes, ils avaient, comme on dit, fait leur profession de foi. Mais telle était alors la contagion des hôtels ministériels, qu'ils ne fu- rent pas sitôt en place, qu'ils adoptèrent un sys- tème tout opposé aux principes qu'ils avaient professés à la tribune.

Eux qui avaient tonné contre les infractions à la Charte, contre les destitutions illégales,

---

(1) Nous croyons devoir, une fois pour toutes, prévenir le lecteur que, sous la dénomination de *gouvernement*, de *conseil de la couronne*, de *cabinet* ou d'*administration*, nous désignons les hommes qui sont à la tête des affaires, sans vouloir pour cela nous permettre des personnalités contre aucun d'eux en particulier, quoiqu'il puisse y avoir eu division dans le conseil en une action collective qui se rapporte à tous ceux d'entre eux qui restent en place. Le seul moyen qu'ait un ministre de se disculper est de donner sa démission ou de se faire renvoyer, par suite d'une opposition vigoureuse : c'est ainsi que MM. de Chateaubriand et de Bellune ont su renoncer au pouvoir pour conserver leur indépendance politique.

contre la scandaleuse protection accordée aux fausses doctrines ; eux qui avaient signalé avec tant d'éloquence l'écueil où devait se briser le vaisseau de l'Etat, ne craignirent point de faire route dans une direction plus dangereuse encore. Leurs devanciers, en flattant outre mesure les prétentions démocratiques, avaient voulu affaiblir le pouvoir conservateur du monarque ; eux s'attachèrent à lui ôter par leurs actes sa considération morale, seule force à laquelle les autres n'avaient pu porter atteinte. Les anciens ministres avaient expulsé les royalistes, constitutionnels ou autres, des rangs de l'armée et de toutes les charges publiques ; ils avaient dit à leurs subordonnés : « Soyez nos séides, ou quittez vos places. » Ceux-ci allèrent plus loin ; ils se moquèrent des victimes de l'injustice de leurs prédécesseurs : en ne donnant satisfaction à personne, ils firent d'une persécution factieuse un acte d'ingratitude royale ; ils disposèrent de tout dans leur intérêt personnel ; ils exigèrent des fonctionnaires une conduite contraire à la probité publique ; ils forcèrent à l'infraction des lois ces hommes qui avaient juré d'être fidèles à la Charte.

Voilà pour leurs premiers actes dans l'administration de l'État. Ces actes eurent pour objet de former une Chambre docile à leurs volontés : c'était la condition de leur existence. Quand ils eurent réussi dans ce point essentiel, ils cherchèrent à se mettre à l'abri de certaines intrigues fatales à quelques-uns de leurs devanciers', en appelant à leur secours une coterie occulte, dont l'influence paraissait devoir grandir, et devenir favorable à leur conservation. Ils s'attachèrent aisément ces hommes, faux dévots, dont le zèle indiscret n'avait certainement pas besoin de leurs encouragemens pour réussir à détruire en France les idées vraiment religieuses, en leur substituant partout les pratiques et les doctrines du fanatisme; ou pour calomnier les intentions d'un prince, dont la popularité tient au maintien de tout ce que ces hommes voudraient anéantir.

Ici cependant leurs calculs se trouvèrent en défaut. Ils avaient cru trouver des auxiliaires dans les membres du comité ultramontain; ils s'aperçurent bientôt qu'ils s'étaient donné des maîtres. Leur conservation devait désormais dépendre des services qu'ils avaient à leur rendre. Les ministres le sentirent; conséquens dans le principe de se maintenir à tout prix, ils surent faire de nécessité vertu; et se résignant, ils demandèrent pour toute grâce, de n'être pas obligés de se prononcer trop brusquement. Cependant le mot d'ordre fut donné. Un esprit d'hypocrisie, dont l'impulsion partait des hôtels ministériels, en se répandant parmi tous ceux qui dépendaient de l'autorité, en devenant la condition des faveurs à obtenir ou à conserver, vint ajouter à la démoralisation de la France. La coterie ultramontaine (1) montra partout son influence ; et dans le temps même où elle croyait avoir encore des ménagemens à garder, elle se permit des actes qui produisirent un mécontentement général. Elle était devenue dès lors comme l'âme du conseil, et dirigea tout ensemble et notre police et notre diplomatie.

9. La France se trouvait déjà sous cette influence

---

(1) Les différentes feuilles de l'opposition se sont appliquées à représenter les jésuites, jadis bannis de tous les Etats de l'Europe, comme l'âme de ce parti. Sans rien décider sur le mérite de cette assertion, nous croyons pouvoir rappeler à nos lecteurs que la conduite des zélateurs dont nous signalons les menées, sont peu en rapport avec l'idée qu'on se fait généralement de la politique de cet ordre religieux. Ces menées sont tout au plus dignes des moines fanatiques de la ligue, elles ne peuvent produire qu'un résultat tout opposé à celui que se proposerait d'atteindre l'ordre savant qu'on en accuse. On conçoit que celui-ci cherche à propager des idées favorables à ses desseins ; mais ce serait trop fort de penser qu'il pût être auteur de mandemens, de prédications et d'actes d'intolérance propres à éloigner de la religion l'immense majorité des Français, qui respectent ses mystères sans vouloir les approfondir, mais qui repoussent avec indignation les pratiques superstitieuses et les doctrines fanatiques. On peut le dire avec conviction : le zèle indiscret de ces apôtres de l'intolérance a fait plus de mal à la religion catholique que les attaques réunies de ses autres ennemis. On ne saurait employer un moyen plus efficace de pousser la France au protestantisme, que celui que ces hommes aveuglés ou hypocrites mettent en œuvre pour arriver à une fin toute opposée. Heureusement il reste de bonnes traditions dans le clergé de France ; il ne tiendrait qu'au gouvernement de les faire revivre, s'il en avait la volonté.

si contraire aux intérêts bien entendus de la religion et de la royauté, quand la guerre d'Espagne fut résolue. Ses succès devaient décider du triomphe de la coterie, tant chez nous que chez nos voisins. Ils en décidèrent en effet, et son action devint toute puissante. L'ordonnance d'Andujar, noble protestation d'un fils de France contre les prétentions d'une folie furibonde, fut désavouée par le conseil du roi; l'Espagne, qu'on pouvait sauver d'un mot, resta livrée aux abus qui avaient enfanté sa révolution, et qui doivent infailliblement la précipiter dans une nouvelle catastrophe.

Ici finit ce que, par rapport à l'objet que nous traitons, nous avons à dire de l'action de nos ministres et de l'esprit de leur politique. Elle fut anti-nationale et nuisible aux intérêts bien entendus de la royauté, qu'il ne tenait qu'à eux d'identifier à jamais avec ceux des peuples d'Espagne. Vainement ils voudraient décharger leur responsabilité (1) sur les ordres ou les prétentions d'une grande puissance. Cette soumission dont ils pourraient se faire forts, serait un crime de plus de leur part. On conçoit que l'occupation d'Espagne pouvait être à notre charge, en raison des engagemens contractés avec la Sainte-Alliance; mais les conditions de la restauration du trône de Ferdinand devaient être dictées par la France, lorsque

____

(1) Nous entendons parler d'une responsabilité morale; on sait que l'autre est illusoire en France.

ses drapeaux flottaient avec gloire sur les colonnes du détroit.

Abordons maintenant les questions qui font l'objet de cet écrit.

Ne résulte-t-il pas d'une suite d'actes et d'évènemens, que les peuples d'Espagne ont acquis des droits à l'établissement d'un système représentatif?—Si les faits répondent affirmativement, peut-on dire que le pouvoir que nous avons restauré en Espagne réponde aux besoins de ses peuples et aux principes de la justice? — Ce pouvoir porte-t-il en lui-même des garanties de conservation? et s'il n'en offre aucune, l'Espagne n'est-elle pas exposée à une nouvelle révolution?

Quels sont les moyens qu'on peut employer pour rendre cette révolution inoffensive et favorable à la royauté et au peuple? Nous trouvons la solution de ces questions dans le précis des faits que nous allons rapporter.

L'exemple de la révolution française, une administration faible, perfide et scandaleuse dans ses actes et dans ses prétentions, venait de réveiller le peuple espagnol de la longue apathie où l'avait laissé croupir le régime monacal. Des troubles, des discordes préludèrent à ce réveil. Ferdinand, prince des Asturies, long-temps l'espoir des patriotes espagnols, fut porté au pouvoir souverain par une révolution dont le côté hideux disparut, pour ainsi dire, sous le noble but de l'affranchissement de la patrie. Idole de

la nation, soutenu d'une force morale immense,
il semblait réservé à ce prince de mener ce puissant mouvement à une fin glorieuse.

Mais Ferdinand envisagea les choses sous un
autre point de vue. Au lieu de voir dans son
élévation au trône le premier acte d'une émancipation nationale, il se plut à ne l'envisager
que comme un hommage rendu à sa royale personne; il rêvait encore de se concilier un voisin,
ennemi naturel de sa maison ; et ne songeant
qu'à cimenter son pouvoir à quelque prix que ce
fût, il ne recula pas plus que ses devanciers
devant la pensée de l'alliance, ou plutôt du patronage du chef du gouvernement français. On
sait ce qui advint de cet abandon inconsidéré.

Toute l'Espagne poussa le cri de l'indignation,
lorsqu'elle apprit la trahison dont son roi fut la
victime ; la guerre fut résolue et créée comme
par enchantement par un peuple sans armes,
sans forteresses, sans trésors et sans armée
régulière, mais riche de grands souvenirs, riche surtout de patriotisme et de courage.

Dans cette lutte de six années, à laquelle Ferdinand ne contribua que par son nom et par l'intérêt qu'inspirait son malheur, les Espagnols eurent
occasion d'éprouver leurs forces, de développer
les idées de liberté, d'indépendance et de dignité
gnité nationale, qui leur sont naturelles. Près
d'un demi-million d'entre eux payèrent de leur
sang la rançon de leur roi, tous y contribuèrent

par le sacrifice de leur fortune et de leur tranquillité.

Dans un mouvement aussi général, une révolution dans les opinions et dans les choses devenait inévitable. Elle fut opérée en effet. L'institution des *cortès*, tombée en désuétude sous les règnes antérieurs, fut rétablie, et cimentée d'une législation constitutive (1), dans des conjonctures que la Providence semblait avoir amenées à dessein, pour entourer et fortifier ce nouvel ordre de choses de tous les prestiges de légalité que ses fondateurs pouvaient désirer. Mais ceux-ci renoncèrent pour ainsi dire à cet avantage de position, en introduisant dans le nouveau code des principes subversifs, des innovations qui portaient atteinte aux droits traditionnels de la couronne; il ménagèrent au roi, par cet abus de pouvoir, le droit de détruire leur ouvrage.

En effet, il ne fallait rien moins qu'une usurpation manifeste des droits du pouvoir souverain, pour légitimer, dans de certaines bornes, la révocation des actes des *cortès*, car Ferdinand, lors de son départ pour Bayonne et dans sa captivité même, avait fait remettre à la junte centrale les pouvoirs les plus illimités (2).

____

(1) Le 19 mars 1812.

(2) Le décret royal qui conférait ces pouvoirs fut expédié à la junte par M. de Cevallos; il était conçu en ces termes : « La

Une seconde missive du roi à la junte avait confirmé ce premier décret, ajoutant de nouveau que la junte devait exercer, au nom du roi, *toutes les fonctions de la souveraineté.*

Un troisième décret, adressé par Ferdinand au conseil royal, portait que les *cortès* seraient convoquées ; que leur session serait permanente, pour qu'elles pussent prendre par la suite *toute mesure convenable, selon l'occurrence des évènemens.*

Ces termes étaient clairs, et ne devaient laisser dans les consciences les plus timorées aucun doute sur la légitimité du pouvoir constitutif de la junte et des *cortès* réunies.

D'un autre côté, les circonstances que le dernier décret du roi paraissait prévoir, s'étaient présentées dès le début de la guerre. Napoléon, pour rendre les esprits favorables à la nouvelle dynastie, avait fait promulguer une Constitution pour le royaume d'Espagne ; et quelqu'illusoire que ce code politique pût paraître sous les auspices d'un homme qui ne connaissait d'autre droit que la force, il ne laissa pas de différer avec les anciennes lois de la monarchie, à un point qui n'était pas à l'avantage de ces dernières.

---

junte exécutera ce qu'elle jugera nécessaire pour le service du roi et du royaume ; et pour cet effet, *elle a tous les pouvoirs dont Sa Majesté elle-même serait investie si* elle était résidente dans le royaume. »

Les laisser subsister avec leurs contradictions et leurs formes barbares, sans rien accorder à un peuple qui réclamait avec force la restauration de sa liberté, eût été une faute impardonnable : les *cortès* et le gouvernement provisoire le sentirent, et ne balancèrent plus à promulguer une Constitution qu'ils semblaient avoir imaginée dans le seul but de produire un effet de contraste avec le code politique accordé par Napoléon, code qui avait à leurs yeux le double vice d'être monarchique dans le fait, et libéral en apparence ; car, il faut bien le dire, leur œuvre avait pour objet le triomphe des opinions républicaines, autant que celle de Napoléon visait au maintien du pouvoir souverain. Le principe de la souveraineté du peuple, principe conditionnellement vrai pour les gouvernemens électifs, mais subversif et condamnable dans les monarchies héréditaires, y était consacré dans les termes les plus formels, tandis que l'action du gouvernement s'y trouvait subordonnée, non pas aux lois, mais au caprice d'une chambre élective, dont la toute puissance n'était contrebalancée ni par un sénat héréditaire ni par un *veto* réel accordé au monarque. Ces vices, comme nous l'avons dit plus haut, devenaient des motifs pour décider le roi à refuser sa sanction à l'acte qui en était entaché ; c'étaient autant de fautes dont les législateurs de Cadix avaient chargé leur responsabilité ; mais elles ne pouvaient dispenser le roi de l'obligation de respecter le fond de la chose, et d'accorder à ses peuples des institutions dignes d'eux. Une nation ne doit jamais être dupe des fautes de son gouvernement : Ferdinand parut profondément convaincu de cette vérité lorsqu'il abolit la Constitution de 1812. Il en proclama le principe solennellement et en face de ses peuples; il promit de leur donner une meilleure Constitution, « conforme, disait-il, aux vrais principes de la monarchie; mais d'une monarchie tempérée, telle que l'exigent les lumières du siècle, les mœurs et le caractère élevé et généreux des Espagnols (1). » Heureux si, pénétré

---

(1) Paroles extraites du décret du roi, pour annoncer la prochaine convocation des *cortès* (mai 1814).

Il parut, avant ce décret, une proclamation du roi, sous la date du 15 mai 1814, par laquelle Ferdinand s'engagea, de la manière la plus positive, à donner à ses peuples une Charte qui pût leur assurer la jouissance d'une sage liberté. Nous rapportons de cette pièce importante les passages où cette promesse est exprimée, pour prouver combien dès lors les prétentions du parti constitutionnel parurent légitimes.

Après avoir fait la critique de la conduite et des actes des *cortès*, le roi dit dans sa proclamation :

« Pour prévenir ces abus autant que peut le faire la prudence humaine, en conservant l'honneur de la royauté et ses droits (car elle en a qui lui appartiennent, *comme aussi le peuple a les siens, qui sont également inviolables*), je traiterai avec les députés de l'Espagne et des Indes; et dans des *cortès* légitimement assemblées, composées des uns et des autres, ausde la sainteté des promesses royales, il avait pris

---

sitôt que j'aurai pu les réunir, après avoir rétabli l'ordre et les *sages coutumes* de la nation, établies *de son consentement* par les rois nos augustes prédécesseurs, on réglera solidement et légitimement tout ce qui pourra convenir au bien de mes royaumes, afin que mes sujets vivent heureux et tranquilles sous la protection réunie d'une seule religion et d'un seul souverain, base première du bonheur d'un roi et d'un royaume qui ont, par excellence, le titre de *catholiques*. On s'occupera ensuite des meilleures mesures à prendre pour la réunion des *cortès*, qui, j'espère, assureront la prospérité de mes sujets de l'un et de l'autre hémisphère.

« La liberté, la sûreté individuelle et royale, seront garanties par des lois qui, assurant l'ordre et la tranquillité publique, laisseront à mes sujets la jouissance d'une sage liberté, qui distingue un gouvernement modéré d'un gouvernement despotique. Tous auront la faculté de communiquer, par la voie de la presse, leurs pensées, en se renfermant dans les bornes que la saine raison prescrit à tous, afin que cette liberté ne dégénère pas en licence; car on ne doit pas souffrir, dans un gouvernement civilisé, que l'on manque au respect dû à la religion et au gouvernement, ainsi qu'aux égards que les hommes se doivent entre eux.

« Pour éviter tout soupçon de dissipation dans les revenus de l'État, la trésorerie séparera les fonds destinés à ma personne et à ma famille, de ceux qui seront assignés pour la dépense de l'administration générale.

« Les lois auxquelles mes sujets devront obéir dans la suite seront établies du *consentement* des *cortès*.

« Les bases que je viens de poser suffisent pour faire connaître mes royales intentions dans le gouvernement dont je vais me charger; ce ne sont certes, pas les intentions d'un despote ni d'un tyran, mais celles d'un roi père de ses sujets. »

à cœur de les accomplir! Mais Ferdinand ne pensa pas ainsi ; des conseillers perfides l'égarèrent dans la route la plus dangereuse. Vainement des sujets dévoués osèrent lui représenter les conséquences fâcheuses de cet oubli déloyal ; ils furent repoussés, disgraciés, emprisonnés ; la tyrannie la plus humiliante continua de peser sur l'Espagne, jusqu'à ce qu'enfin l'orage éclatant de toutes parts, renversa les faibles digues de ce pouvoir arbitraire et illégal.

Tout le monde connaît les évènemens les plus marquans qui se sont succédés en Espagne depuis cette époque jusqu'à celle de la prise de Cadix. Un roi qui se traînait péniblement à leur suite, une assemblée s'agitant avec ardeur pour consolider la révolution dans un sens entièrement démocratique, des conspirations qui avaient pour but de la ramener à son vrai principe ; d'un autre côté, des bandes bien soudoyées qui proclamaient le roi absolu dans les bois et sur les grands chemins, forment le canevas historique de ce période. Si ces faits ne prouvent rien en faveur du code constitutionnel des *cortès,* on ne saurait pas non plus les invoquer en faveur des prétentions du despotisme ou de l'oligarchie monacale ; et la seule conséquence raisonnable qu'on en puisse tirer, nous semble celle que la masse de la nation espagnole, lasse à la fois des anciens abus et de la nouvelle anarchie, espérait trouver des institu-

tions et le rétablissement de l'ordre dans l'intervention de notre gouvernement. L'auguste prince
qui conduisit nos soldats à la victoire l'avait com
pris ainsi ; il avait senti qu'il appartenait au
vainqueur de pardonner, et de conseiller le par-
don à ceux-là surtout qui avaient besoin de toutes
les ressources de la clémence pour faire oublier
leurs torts et ramener les cœurs qu'ils s'étaient
aliénés ; qui avaient besoin d'invoquer quelques-
uns des principes de la révolution qu'on venait
d'abattre, pour rasseoir leur puissance et sauver
l'Etat d'une destruction prochaine.

Tout n'est pas faux, tout n'est pas blâmable
dans les principes nouveaux ; tout n'est pas vrai,
tout n'est pas légal dans les principes des monarchies du siècle passé. Si les rois ont des
droits imprescriptibles, les peuples n'ont ils pas
les leurs, et faut-il attendre que la nécessité les
force de les faire valoir? On sait ce qui en ad-
vient ; et l'expérience, d'accord avec la raison,
nous apprend qu'un partage inégal n'offre point
ces garanties d'union et de durée qui sont le besoin des temps présens et les seuls liens qui puis-
sent maintenir l'ordre social.

Nous le redisons avec orgueil : un prince éclairé
et consciencieux avait rendu hommage à ces
principes d'une éternelle vérité ; il s'était fait
l'interprète des droits et des espérances d'un
peuple opprimé ; il s'apprêtait à mettre la dernière main à l'œuvre qu'il avait commencée avec

tant de succès ; ses conseils comme ses actions
étaient dignes d'un cœur français.

Cependant nos ministres, où prenaient-ils
leurs inspirations ? Je l'ai dit déjà : c'est pour fa-
voriser la domination de quelques brouillons fanatiques qu'ils ont sacrifié le pays ami, pour la
délivrance duquel la France donnait son sang et
ses trésors. Ils pouvaient le sauver dans cet instant décisif, où la justice et la vérité marchaient
entourées de la victoire et de la force. Mais ne
nous arrêtons pas davantage à ces considérations
d'un ordre moral, que la mauvaise foi ne man-
quera pas de controverser en dénaturant les faits ;
passons à l'examen des résultats généraux et posi-
tifs que présente l'état de l'Espagne. Ils mettront
le sceau à nos preuves ; ils condamneront à jamais les hommes égoïstes qui n'ont pas *voulu*
comprendre les devoirs les plus sacrés, qui ont
compromis, pour servir leurs intérêts person-
nels, le salut des rois et des peuples.

Nous avons dit que notre cabinet, au lieu de
calmer les partis qui déchiraient l'Espagne, en
les rapprochant du trône, s'est appliqué à y soutenir la faction la plus turbulente, qui a pour
accolytes les hommes de la plus basse classe, que
des intérêts étrangers à sa cause, et très-opposés
à ceux du royaume, ne peuvent que remuer sans
l'attacher à une position fixe. Cette faction est
'celle d'un clergé régulier, entièrement sorti de
l'esprit de son institution, qui, disposant d'im-

menses richesses, craint de les perdre dans des conjonctures où l'Etat doit tôt ou tard y avoir recours pour couvrir le déficit de ses finances. Ce n'est point par amour pour la religion que ces hommes s'opposent à toute innovation politique, mais bien pour un intérêt très-mondain. Dans la première supposition, ils n'ignoreraient point que les institutions, loin de faire tort à l'empire tout moral de cette religion, doivent contribuer à la maintenir dans sa pureté.

Dans la seconde supposition, qui se trouve justifiée par les faits, la religion n'est que le prétexte de leur opposition ; et nous pouvons dire hardiment que, si la vieille monarchie (comme, sans les évènemens de 1808, cela serait immanquablement arrivé) s'était avisée de toucher à leurs riches dotations, elle aurait trouvé en eux des adversaires ardens et dangereux. Aujourd'hui, les troubles passés sont pour ces hommes une véritable ressource, un moyen facile de légitimer en apparence leurs prétentions et leur résistance. Le grand avantage de cette ligue de moines consiste en ce que ce n'est pas Ferdinand, roi absolu, mais le gouvernement des *cortès*, qui fut appelé par les circonstances à confisquer leurs biens, à mettre un terme à leur oisive existence. Ce sont là les hommes qui soutiennent en Espagne le pouvoir absolu, qui, de fait, n'est qu'une oligarchie concédée à leur profit.

Voyons maintenant de quoi se compose le parti moins exclusif, qui, malgré les nuances d'opinion qui séparent ses élémens, se rattache par un lien de sympathie au trône, tel que les circonstances et les besoins du temps pourront le consolider en Espagne.

Les grands, la noblesse titrée et leur nombreux patronage, plusieurs prélats, la grande majorité de la petite noblesse (bourgeoisie), presque tous les propriétaires, se sont montrés partisans d'un régime monarchique et constitutionnel ; il faut aussi ranger dans cette classe un grand nombre de négocians de marque. Le reste du commerce, presque sans exception les villes maritimes et les classes ouvrières, s'étaient fortement prononcés en faveur du régime des *cortès* ; mais comme leur cause paraît trop les isoler, on peut compter avec quelque certitude qu'ils s'attacheraient sans arrière-pensée à l'opinion des hautes classes, qui concilie suffisamment leurs intérêts.

Les habitans des campagnes sont pour la plupart sans opinion prononcée : ceux qui ont adopté une couleur se sont rangés sous les bannières du parti apostolique, auquel se rattache, très-provisoirement à la vérité, une masse de prolétaires toujours prêts à se tourner du côté de celui qui promet de l'argent et des aventures.

Aujourd'hui, ce dernier parti est le seul qui, grâce à la politique consacrée par notre ministère, soit resté en armes. Ses vexations pèsent plus ou moins sur toutes les classes ; et la terreur qu'il répand partout arrache assez souvent des acclamations dont on se targue beaucoup, et qui n'en sont pas plus sincères pour cela. Il a vaincu à l'aide de nos baïonnettes ; si demain nous retirions nos troupes, on le verrait bientôt succomber. Personne n'en doute.

Mais son infériorité morale et numérique n'est pas le seul obstacle qui s'oppose à sa domination : le gouvernement de la péninsule, d'accord avec cette faction, n'employant dans l'administration et dans l'armée que les hommes qui la composent, pourrait, à la rigueur, tyranniser pendant quelque temps encore ses malheureux sujets, si le budget de l'Etat couvrait ses dépenses, s'il lui était possible de trouver des ressources financières qu'il n'a pas, qu'il n'aura jamais, tant qu'il sera obligé de se passer des tributs de l'Amérique ; et comme, suivant toutes les apparences, la source en est tarie à jamais, c'est dans le parti même qu'on lui a donné pour soutien, qu'il sera forcé de prendre tôt ou tard ce qu'il faut pour solder son déficit. Alors, que deviendra la paix de l'Espagne ? que deviendra son gouvernement, lorsqu'il verra (ce qui arriverait infailliblement), lorsqu'il verra tourner contre lui les armes qui devaient le défendre ?

Une pareille position serait insoutenable, et pourtant c'est celle-là que l'imprévoyance du ca-

binet français a donnée ou laissé prendre au roi
Ferdinand, en lui offrant pour soutien le parti
qui est le seul obstacle à la régénération de l'Espagne. Il a manqué ainsi le but de la guerre, et
rendu stérile un des plus beaux succès qu'aient
remportés nos armes; il a si bien fait, par sa cou-
pable docilité, que tout est à recommencer en
Espagne.

Mais, répondront les défenseurs salariés du
ministère français, vous mettez sur le compte
de notre conseil des fautes qui ne lui appartiennent pas : il n'avait point d'ordres à donner au
roi Ferdinand, et les avis les plus sages ne lui
ont pas manqué. D'ailleurs, les opinions libé-
rales n'ont pas cours en Espagne, et la spolia-
tion du clergé régulier ne se serait pas effectuée
sans avoir eu à vaincre de grands obstacles, sans
avoir peut-être eu du sang à verser. Devions-nous
y rallumer la guerre civile ?

Le premier argument n'a pas besoin de ré-
ponse; nous ne ferions que nous répéter. Le se-
cond est tout aussi spécieux. La guerre civile
n'était pas à craindre en présence de cent mille
hommes de nos troupes; elle l'eût été, qu'il fallait savoir la braver lorsqu'il s'agissait de prévenir une révolution bien plus fatale que le mécontentement de quelques moines, à qui on pouvait
d'ailleurs laisser encore l'honnête nécessaire. La
mesure était obligée; nous allons le démontrer.

Entendons-nous d'abord sur les principes.

Tout ordre social, pour se maintenir, a besoin de trois choses :

1° D'un code de lois politiques et civiles, pour régler sa hiérarchie et les relations et devoirs réciproques des citoyens et du gouvernement;

2° D'un corps d'autorités chargées de maintenir et d'appliquer ces lois, et d'une force armée pour défendre l'Etat contre les ennemis du dedans et du dehors ;

3° D'un revenu suffisant pour couvrir ses dépenses de toute espèce (1).

Lorsque dans un Etat l'une de ces trois grandes garanties manque, il y a non seulement gêne et trouble, mais certitude d'une prochaine anarchie qui se terminera par une de ces révolutions violentes qui changent la face des empires.

L'Espagne ne possède complètement aucune de ces garanties. Elle a des lois qui ne sont plus en harmonie avec les besoins et les mœurs de la société; elle a une forme de gouvernement qui est odieuse à une grande partie de la nation, et la plus faible de toutes celles qu'on pourrait imaginer.

L'administration actuelle est vicieuse, parce que les hommes qui en sont chargés se trouvent, par la force des choses, placés en dehors de

---

(1) Nous ne parlons pas ici de religion. Les lois politiques doivent pourvoir à ce qui concerne cette première garantie de l'ordre social.

leurs attributions, d'où résulte l'anarchie, ou du moins un conflit continuel d'autorité, et le mépris de ses ordres. La force armée régulière est nulle, sans discipline et sans confiance dans la stabilité du gouvernement.

La finance enfin, sans laquelle l'action du gouvernement et celle des lois sont comme suspendues, la finance d'Espagne est dans un tel état de délabrement, qu'aucune amélioration, qu'aucun des moyens ordinaires à la disposition du gouvernement, ne pourra la rétablir, tant que ce gouvernement conservera ses formes et ses institutions vicieuses. Trois milliards de dettes qu'on ne paye pas ; un déficit de 15o millions dans les dépenses courantes, malgré un système fiscal poussé au plus haut degré d'exigence, sont des faits qui ne permettent pas même de concevoir le plus faible espoir pour la restauration de la fortune publique.

Or, si telle est la position véritable de l'Espagne ; si cette position n'est aussi désespérée que parce que ses institutions actuelles s'opposent à toute amélioration, en absorbant ou inutilisant les seules ressources dont l'État pourrait disposer, oserait-on objecter que ces améliorations, quoiqu'elles doivent amener une révolution totale dans l'ordre politique, sont des innovations dangereuses et inutiles ; qu'au contraire , nos troupes et nos millions ont reçu leur destination, en servant à restaurer la source du mal, en rétablissant un ordre de choses qui porte en lui-même toutes les conditions d'une prochaine destruction, qui paralyse l'action du bien?

Un insensé tiendrait ce langage, et nos ministres l'ont tenu jusqu'à ce jour; du moins n'ont-ils pas, comme ils le pouvaient et comme ils le devaient, osé s'opposer à ce que le cabinet de Madrid méconnût à ce point sa position, son avenir, et la seule condition sous laquelle la France avait pu effectuer sa restauration et continuer de lui donner des secours.

Cet avenir, nous le répétons, est une révolution qu'il ne tenait qu'à nos ministres de faire opérer sans danger et sans secousse majeure, après la glorieuse campagne de Mgr le duc d'Angoulême.

Bientôt elle s'opérera sans eux; mais Dieu sait sous quels auspices.....

Il nous reste à développer une dernière considération; elle mettra dans tout son jour le système politique que nous avons pris à tâche de réfuter, et celui qui seul peut sauver l'Espagne. C'est celle qui résulte de l'émancipation des colonies espagnoles.

Lorsque, sous le règne de Ferdinand-le-Catholique, les Espagnols firent la découverte et la conquête d'un monde nouveau, tout ce qu'il y avait en Espagne d'hommes pensans et actifs y porta successivement son attention. Le commerce de la péninsule, alimenté jusqu'alors de ses propres produits, se tourna tout entier vers le monde qu'on allait coloniser. Toutes les branches d'industrie furent abandonnées pour un trafic plus lucratif; la soif de l'or, qui devenait plus ardente avec l'abondance croissante de ce métal, fit dédaigner les richesses du sol natal, pour les produits d'un nouveau domaine plus étendu et plus important.

L'expulsion des Maures et des Juifs marchant de front avec la dépopulation que produisit la colonisation de l'Amérique, la culture de l'Espagne fut complètement négligée, autant par le défaut de bras que par le défaut de consommation; par la direction nouvelle donnée à tout ce qui pouvait alimenter les forces vitales, les ressources durables de l'État, le commerce changea de face; l'industrie, alimentée par le seul monopole, demeura stationnaire, et déclina même faute d'émulation; la masse de la nation trouvant l'aisance sans travail, prit l'habitude d'une vie molle, oisive ou dissipée, qui devait la conduire à l'asservissement. Son commerce ne fut bientôt plus qu'un commerce d'entrepôt, et l'or qu'on retirait en abondance des mines de l'Amérique, loin de tourner au profit d'une métropole devenue rentière fainéante, n'y séjourna que peu de temps, pour passer dans les autres États de l'Europe, de l'industrie desquels l'Espagne était devenue tributaire. En un mot, la découverte du Nouveau-Monde produisit une révolution totale dans l'administration, dans les mœurs, dans la fortune publique de l'Espagne. Plus riche en apparence, elle le fut moins dans le fait, lorsqu'elle cessa de concentrer chez elle ses forces vitales et ses moyens de production. Elle demeura stationnaire en tout, tandis que les autres peuples de l'Europe avançaient plus ou moins rapidement dans une prospérité qu'ils n'empruntaient point à un sol étranger. Cet état de choses dut nécessairement influer sur les finances de l'État. Son revenu diminuant incessamment, il n'eut d'autre ressource que les tributs d'Amérique, pour combler un déficit toujours croissant.

Ces tributs ayant souvent manqué depuis les dernières guerres, les dettes de l'État se sont accrues dans une proportion prodigieuse ; les colonies enfin s'étant séparées de la métropole, il ne reste à cette dernière, pas même une perspective éloignée, pas même celle de la banqueroute, pour obvier à la catastrophe qui menace son existence politique.

En effet, la banqueroute, en payant d'un protêt les dettes de l'État, ne saurait couvrir le déficit courant, qui est sa plus grande plaie ; les améliorations à venir, impossibles sous un gouvernement arbitraire, parce qu'elles doivent provenir de la culture, du commerce et de l'industrie, qui ne s'acclimatent que sous l'influence d'une sage liberté ; ces améliorations, disons-nous, donneront des fruits trop tardifs pour qu'on puisse espérer de les utiliser dans une position qui demande de prompts secours.

Une seule source est ouverte pour restaurer la finance de l'État ; c'est l'immense fortune dont le clergé, en général, mais surtout le clergé régulier, a l'usufruit.

Qu'on impose ces biens, qui forment plus du tiers de la superficie du royaume, et on trouvera de quoi pourvoir au déficit courant et annuel des finances.

Qu'après en avoir laissé au clergé le cinquième, qui est plus que suffisant pour lui procurer une honorable existence, on vende successivement le reste, et on trouvera non seulement de quoi solder les dettes de l'État, mais il restera même une forte réserve, pour pourvoir à des besoins à venir.

Que le roi Ferdinand enfin, jetant un regard examinateur sur le présent et sur le passé, rappelle dans son conseil le petit nombre d'hommes qui ne le trompèrent jamais ; que, sa proclamation du 15 mai 1814 à la main, il accomplisse les promesses qui y sont consignées, et la restauration du trône d'Espagne se trouvera accomplie.

Alors, roi puissant par la confiance d'un peuple désormais heureux de vivre sous le règne des lois, il verra affluer dans ses États l'industrie et les capitaux de l'étranger ; alors l'Espagne régénérée verra croître à vue d'œil sa civilisation et sa prospérité ; alors ayant fermé l'abîme des révolutions entr'ouvert sous son trône, Ferdinand pourra prendre vis-à-vis de ses anciens sujets de l'Amérique des mesures utiles et efficaces.

Pour atteindre ce glorieux résultat, il aurait suffi, il suffirait encore d'une volonté ferme, d'une assistance sincère du gouvernement français. Ce n'est qu'après l'avoir obtenu que notre roi pourra dire : *Il n'est plus de Pyrénées !* ce n'est qu'alors aussi que la France aura trouvé le prix de ses efforts dans l'alliance d'un royaume qu'elle aura replacé au rang des puissances ; ce n'est qu'alors qu'elle verra entourer ses propres institutions de toute la force morale qui doit être la garantie de leur durée.

Une pareille pensée pourra-t-elle jamais mûrir dans la tête de nos hommes d'État ?

IMPRIMERIE DE J. G. DENTU,
RUE DU COLOMBIER, N° 21.